Ln 27 10508

NOTICE

BIOGRAPHIQUE

SUR

LE DOCTEUR JUSSERAUD

chevalier de la Légion d'honneur
ancien Représentant du Peuple
membre de la Société centrale d'agriculture
du Puy-de-Dôme, etc., etc

LUE

A LA SÉANCE PUBLIQUE DE LA SOCIÉTÉ D'AGRICULTURE

DU 12 NOVEMBRE 1863

PAR M. BAUDET-LAFARGE

secrétaire général

Clermont-Ferrand

TYPOGRAPHIE DE PAUL HUBLER, LIBRAIRE

1863

NOTICE BIOGRAPHIQUE

SUR

LE DOCTEUR JUSSERAUD

chevalier de la Légion d'honneur, ancien représentant du peuple

membre de la Société centrale d'agriculture du Puy-de-Dôme, etc., etc.

Messieurs,

Lorsqu'un homme a consacré la plus grande partie de son existence à développer par le travail et l'étude les belles facultés existant en germe dans son âme, et à mettre au service de ses semblables les qualités et les talents ainsi acquis, le jour où l'inévitable destinée le frappe répand un deuil profond et légitime parmi ceux qui avaient su l'apprécier. Telle fut la journée du 14 septembre 1863, où nous a été enlevé un de nos plus distingués et excellents collègues, le docteur Francisque Jusseraud. L'Agriculture eut la plus large part dans l'emploi de sa vie. Il fit beaucoup pour notre agriculture locale. Nul n'a donc plus de titres que nous pour revendiquer le droit de payer à sa mémoire le juste tribut de regrets et d'éloges dû à tout homme dont le passage ici-bas s'est signalé par d'incontestables mérites.

Jean-François JUSSERAUD naquit à Riom le 18 février 1797. Sa famille appartenait à cette ville. A l'époque où il fallut pourvoir à son éducation, ses parents, comprenant tout ce qu'il y avait d'avenir dans cette jeune intelligence, résolurent de confier le soin de la former à l'habile directeur de l'école de Sainte-Barbe. Il entra en 1807 dans cette institution, où il aurait achevé toutes ses classes, si la sollicitude maternelle, effrayée de la présence des armées ennemies qui vinrent occuper Paris en 1814, ne l'avait rappelé pour terminer ses études au collége de Riom.

Pendant son séjour dans l'école célèbre d'où sont sortis tant d'hommes distingués et même illustres, Jusseraud devint l'objet de soins tout particuliers de la part de M. Delanneau, et sut en profiter. Il s'y lia d'amitié avec plus d'un élève, qui devint plus tard un personnage. De ce nombre étaient les deux frères Cavaignac, dont l'un eut un jour la rude tâche de réduire une formidable insurrection et de diriger pendant quelques mois le pouvoir exécutif de la République française.

En 1815, Jusseraud retournait à Paris pour commencer ses cours de médecine, qu'il suivit sous la direction du baron Dubois. Un si haut patronage dit assez quelles espérances on fondait sur le jeune étudiant.

Celui-ci rentrait à Riom en 1823, avec son diplôme de docteur, après avoir préludé par la pratique des hôpitaux à celle qu'il semblait devoir exercer un jour avec succès auprès des gens du monde. La distinction de son esprit, le charme qu'il apportait dans ses relations, l'érudition dont on le savait capable, de nombreux appuis parmi sa famille et ses amis, tout concourait pour lui assurer une belle clientèle dans sa ville natale. Une vocation plus puissante l'attirait dans une autre direction, et il lui céda.

Déjà à cette époque on commençait à voir des hommes riches et instruits consacrer au progrès de l'agriculture, trop longtemps livrée presque exclusivement à la routine, leur temps, leurs capitaux et leur intelligence. Les excitations, l'enseignement et l'exemple d'un grand agronome français favorisaient, s'ils ne l'avaient pas provoquée, une heureuse tendance à relever l'agriculture de son infériorité, et à lui restituer la place à laquelle elle a droit à côté des autres arts.

Une perspective aussi élevée était faite pour enflammer la généreuse imagination de Jusseraud. Elle décida de la voie qu'il allait suivre. Ses études antérieures ne lui étaient pas sans utilité dans sa nouvelle carrière. Elles lui furent précieuses surtout en lui donnant une possibilité de plus de suivre un penchant naturel à son cœur, celui d'obliger, auquel il se plut toujours à obéir avec une facilité qui fut un des traits les plus saillants, comme les plus honorables, de son caractère.

Tout en renonçant à l'exercice de la médecine, il l'aimait encore. Il aimait surtout les malheureux. A la campagne, où il allait désormais passer la majeure partie de son temps, les malades pauvres ne peuvent pas toujours recevoir les soins que leur état réclame. Il voulut être leur médecin, et pour eux il se tint au courant des progrès de la science. Ses talents ainsi utilisés furent souvent pour lui la source de bien douces satisfactions, qu'il continua à se donner jusqu'au jour où, dominé lui-même par une cruelle maladie, dont il avait de loin pressenti l'inévitable atteinte, il ne put plus que compter, avec une déplorable précision qui faisait le désespoir de sa famille et de ses amis, les jours et les souffrances qui lui étaient réservés.

Avant de reprendre l'exposé des évènements qui ont signalé la vie de notre si regretté collègue, complétons le tableau des épreuves douloureuses qu'il eut à subir. La plus poignante, avec quelque courage qu'il l'ait supportée, empoisonna pendant ses vingt dernières années une existence à tous autres égards entourée de ce qu'il fallait pour la rendre heureuse : l'amour d'une épouse selon son cœur, choisie dans sa parenté la plus rapprochée, beaucoup d'amis, la considération publique, la conscience d'une vie bien remplie, de la fortune. Il avait aussi une fille unique. Elle allait sortir de l'enfance au moment où quelques jours de maladie suffirent pour l'en séparer à jamais. Il n'avait plus d'enfant. Un coup si terrible est de ceux dont l'âme d'un père ne se relève jamais complètement. Le voile qui s'étendit dès lors sur son esprit naturellement enjoué, se soulevait assez souvent par suite du sentiment de bienveillance qui lui était habituel; mais tout le monde voyait la plaie, et quand on vivait dans son intimité on en sondait toute la profondeur.

Jusseraud appartient désormais à l'histoire de notre province, au double titre d'agriculteur et d'homme public.

Agriculteur, il fut homme de pratique, écrivain et membre actif de plusieurs sociétés dont le but est de favoriser le progrès de l'art agricole. Ce qu'il fit pour cet art dans sa carrière publique, lie d'une manière intime l'une à l'autre ces deux parties de sa vie.

Ce fut sur sa propriété de Vensat (canton d'Aigueperse) qu'il fixa sa résidence pour devenir agriculteur. Bientôt il fallut un champ plus vaste à son activité, et il acheta non loin de là le domaine des Neuf-Fonds, alors en mauvais état de culture. Les remarquables résultats obtenus dans ces deux exploitations lui firent en peu d'années la réputation de cultivateur habile, dont il est resté en si légitime possession.

A Vensat, il avait introduit la betterave et la carotte à collet vert, et perfectionné la culture du sainfoin en le rendant plus productif par son mélange avec le trèfle et la luzerne. Son exemple avait aussi conduit les habitants de la commune à destiner moins exclusivement qu'ils ne le faisaient jusqu'alors, leurs foins à la vente, et à en garder assez pour mettre en état d'être livrées aux bouchers beaucoup de bêtes à cornes qu'ils avaient l'habitude de vendre maigres.

Il eut plus à faire aux Neuf-Fonds. D'un domaine d'un très-faible produit il en fit un qui augmenta considérablement ses revenus. Ses principaux moyens d'assolement furent l'importation des prairies artificielles, des fourrages-racines et de la spéculation sur le bétail, toutes choses que la commune de Saint-Agoulin, où est située cette propriété, ne pratiquait pas avant lui, et qui depuis, imitées par ses habitants, ont répandu parmi eux une grande aisance.

Lorsque le coup terrible qui jeta dans sa vie un trouble si profond l'eut atteint, il ne lui fut plus possible de rester dans les lieux où il n'avait eu jusque-là que du bonheur. Il se retira à Laquérye, dans le département de l'Allier. Là aussi il possédait de vastes champs; mais la culture n'avait plus le don de captiver cette âme brisée. Il ne retint qu'une petite partie de ce domaine pour lui donner ses soins, afin de ne pas rompre absolument avec un genre d'occupation qui avait eu autrefois tant de charme pour lui.

Si Jusseraud n'avait su se contenter de sa position, si l'ambition avait eu accès dans son âme, il lui eût été facile, à plusieurs époques, de s'ouvrir la carrière des fonctions publiques, où les qualités dont il était doué lui eussent nécessairement assuré de brillants succès. Mais il préférait à tout son indépendance, sans pour cela se refuser d'une manière absolue à se mêler aux affaires publiques.

Ainsi, en 1830, il acceptait les fonctions de maire de Vensat, et il les exerça jusqu'au jour où il porta sa résidence dans la commune de Monteignet, qu'il administra aussi depuis les premiers jours de l'année 1859 jusqu'à sa mort.

A la révolution de juillet 1830, quelques membres du Conseil général s'en retirèrent. Il fut appelé à remplacer l'un d'eux. Il occupa ce poste jusqu'en 1832. Le suffrage universel l'y rappela en 1848. Après les évènements considérables de 1851, il ne crut pas devoir demander un nouveau mandat aux électeurs,

En 1840, sous la présidence de M. le comte de Chabrol-Volvic, et la vice-présidence de Jusseraud, le Comice central agricole de l'arrondissement de Riom s'organisait. A la mort de M. de Chabrol, la présidence de cette association fut conférée, par les suffrages de ses membres, à son vice-président, que depuis elle a toujours maintenu à ce poste honorable. Sa constante sollicitude pour les intérêts de l'agriculture de son arrondissement, les mesures qu'il provoquait en leur faveur, les utiles conseils qu'il adressait aux cultivateurs, lui donnaient bien des droits à cette distinction.

Il n'en avait pas de moins réels à entrer dans le sein de la Société centrale d'agriculture du Puy-de-Dôme ; aussi dès l'année 1842 y était-il appelé en qualité de membre titulaire.

En 1843, l'Académie des belles-lettres, sciences et arts de Clermont-Ferrand se l'attachait aussi comme membre non résidant ;

Et la Société royale et centrale d'agriculture, au titre de membre correspondant pour le Puy-de-Dôme.

La révolution de 1848 appela pour quelque temps Jusseraud sur la scène politique. Le premier essai du suffrage universel allait se faire pour la nomination d'une Assemblée Nationale Constituante, chargée de donner un gouvernement à la France. Les futurs Représentants du peuple devaient, pour être élus, réunir la majorité des suffrages de leurs départements. La Société d'agriculture de celui du Puy-de-Dôme pensa que, dans la liste des candidats de celui-ci, devaient figurer les noms de quelques personnes prises parmi les agriculteurs. Dans ces temps où tout était à réorganiser dans la sphère gouvernementale, les sociétés, même les plus étrangères par leurs habitudes et leur destination aux actes de la politique, pouvaient se croire autorisées, par la très-grande liberté qui régnait alors, à dire leur mot sur les choix qu'il convenait de proposer aux électeurs. La nôtre adopta deux candidats pour les appuyer de sa puissante recommandation. C'était un grand honneur pour eux. Jusseraud fut un de ceux-là. Le scrutin d'avril 1848 lui donna cinquante mille suffrages pour entrer à l'Assemblée Nationale Constituante.

Ses votes et sa parole pendant cette législature furent constamment inspirés par les idées qui lui avaient paru dominantes au moment où il reçut son mandat, et qui étaient les siennes.

Il reparut devant les électeurs, en 1849, quand ils eurent à nommer une Assemblée Nationale Législative. A cette époque, les tendances du corps électoral n'étaient pas absolument ce qu'elles s'étaient montrées l'année précédente. Cependant il fut tenu compte sans doute à Jusseraud de la sincérité de ses convictions, de son caractère indépendant et de ses autres mérites, et un nouveau mandat de représentant du peuple lui fut conféré. En 1850, il était nommé membre du Conseil Supérieur des haras.

Les évènements de décembre 1851 le firent rentrer dans la vie privée, d'où il ne chercha plus à sortir.

Mais l'Administration voulut utiliser encore ses lumières et son dévouement aux intérêts de l'agriculture. Dès la création des grands concours régionaux, il se vit appelé à faire partie des jurys chargés de distribuer les primes, et cette mission lui fut renouvelée chaque année. Il reçut un mandat analogue à l'Exposition universelle de 1855, au Concours universel de 1856 et au Concours général et national de 1860.

Voilà quelles furent les diverses positions occupées pendant toute une vie bien remplie, avons-nous déjà dit, et sur laquelle il est d'autant mieux permis de porter un tel jugement, que chacune de ces positions fut pour Jusseraud l'occasion de travaux remarquables ou d'opinions consciencieusement soutenues à la tribune nationale.

Elles lui valurent aussi une honorable distinction. Un décret du 12 août 1858 le créa chevalier de la Légion d'honneur.

Si nous examinons les œuvres sorties de sa plume, le premier par sa date, et aussi par son importance, sera sa *Statistique agricole de la commune de Vensat, ou Mémoire pour servir à une description de l'agriculture de la Limagne.* Il l'écrivit pour la Société d'agriculture. Elle venait d'ouvrir un concours pour obtenir de semblables statistiques sur les diverses parties du département. Jusseraud fut le premier à répondre à son appel. Il paraissait avoir ouvert la voie de manière à la rendre facile à parcourir pour ceux qui voudraient suivre son exemple. Le cadre était excellent; rien d'essentiel n'était omis. Pourquoi n'a-t-il pas eu d'imitateurs? Il semble que chacun ait été retenu par la crainte de ne pouvoir atteindre à la même perfection, ou que les documents certains qu'il avait su se procurer sur quelques points indispensables aient fait défaut à d'autres.

A côté des faits exprimés par des chiffres, éléments nécessaires de toute statistique, se groupent, dans ce mémoire, la description des procédés de culture suivis dans la commune; de très-intéressantes comparaisons entre ceux-ci et ceux des temps passés, et aussi entre leurs résultats; des conseils basés sur l'observation des ressources du pays ainsi que sur la science agronomique, et relatifs aux moyens de faire progresser cette culture.

Jusseraud n'était pas un partisan aveugle du morcellement du sol et des cultures; mais l'étude approfondie de ses effets dans la commune de Vensat, et sans doute aussi dans presque tout le reste de notre pays, le portait à considérer la petite culture comme ayant déjà considérablement augmenté le rendement des terres et le bien-être des populations agricoles. Sans prétendre que le progrès dans cette voie soit indéfini, il se gardait de la considérer comme près de toucher à ses limites; et celles-ci lui semblaient pouvoir être au moins reculées par certaines innovations qu'il indiquait.

Les détracteurs de la petite culture l'accusent d'être impuissante à produire du bétail. Elle doit, suivant eux, en se développant, exercer un jour une influence fâcheuse sur nos approvisionnements en viande. La statistique de Vensat prouve que le reproche est mal fondé quant à présent; car « là où, il y a quarante ans, un seul ménage,
» avec quatre paires d'animaux, accomplissait tous les
» travaux d'une culture vicieuse et peu productive, qua-
» torze familles et douze paires de vaches sont aujour-
» d'hui, non pas exclusivement occupées, mais employées
» largement à tous les détails d'une exploitation qui, tout
» en laissant en bénéfices à l'industrie une part propor-
» tionnelle au moins égale à celle qu'elle obtenait jadis,
» a plus que doublé la rente de la terre. »

C'est en ces termes que notre regretté collègue avait résumé cette question dès l'année 1842; et ajoutons en passant que les faits nouveaux ne paraissent pas avoir amoindri les conséquences à tirer des anciens.

Aussi n'est-il pas étonnant de voir M. H. Passy, dans son livre sur les *Systèmes de culture*, s'emparer des rapprochements et des observations de Jusseraud pour corroborer ses propres appréciations. Et plus récemment encore, lorsque M. Léonce de Lavergne, pour écrire son *Economie rurale de la France depuis* 1789, a eu besoin de certains renseignements sur notre agriculture, c'est aussi à la *Statistique de Vensat* qu'il les a demandés.

Le mérite de ce livre est donc apprécié partout comme il l'avait été par vous-mêmes, qui lui aviez décerné une médaille d'une valeur qui n'a jamais été atteinte par aucune de celles que vous avez accordées pour les plus grands travaux.

Diverses questions ont été traitées avec la même précision et la même sûreté de jugement, par l'auteur de ce livre.

C'est d'abord celle des communaux. Sur ce sujet, nous avons deux rapports, l'un pour le Conseil général, l'autre pour la Société d'agriculture. La conservation de la propriété de ces terrains dans l'intérêt des générations futures est le principe; mais des exceptions doivent être permises pour certains cas de nécessités urgentes. Quant aux modes de jouissance, ils peuvent varier beaucoup, suivant les situations. Telles sont les doctrines énoncées dans ces rapports.

Durant sa carrière législative, Jusseraud se voua d'une manière toute spéciale aux intérêts agricoles. Aussi à l'Assemblée Constituante fut-il nécessairement classé dans le Comité d'agriculture et du crédit foncier. Il y prit une part active d'abord aux discussions qui eurent son organisation pour objet ; et plus d'une fois le quatrième sous-comité, dont il faisait partie, le chargea de porter, en qualité de rapporteur, ses propositions devant le Comité général.

Lorsque la même assemblée fut saisie d'un projet de loi sur l'organisation de l'enseignement agricole, Jusseraud devint un des membres de la Commission pour l'examen de cette question d'un si grave intérêt, et que je pourrais dire si nouvelle, et il ne resta pas étranger à la discussion de la loi quand elle fut portée à la tribune.

Au nom de son sous-comité, il faisait un rapport sur les haras, les dépôts d'étalons et les remontes. Ces questions lui étaient familières pour avoir été pour lui l'objet d'études approfondies, et il avait à leur égard des idées très-arrêtées qui paraissent fort judicieuses.

Il s'était occupé à divers points de vue de l'industrie des sucres. A l'Assemblée Constituante, il combattit, en qualité de rapporteur de son sous-comité, une proposition dont l'adoption aurait apporté de nouvelles entraves à celles dont était déjà entourée la production indigène. Cette loi fut repoussée.

L'impôt dont le sucre est grevé en France lui avait paru mettre obstacle au développement de l'industrie des sirops et conserves de fruits, d'une si grande importance, notamment pour le département du Puy-de-Dôme. Il croyait équitable d'affranchir de cette charge au moins les sirops et conserves exportés, et il voulait que les droits afférents aux quantités de sucre employées à leur préparation fussent restitués au moment où ces produits franchiraient la frontière. Dans ce but, il avait fait une proposition à l'Assemblée Législative. Mais cette Assemblée ne dura pas assez longtemps pour adopter une résolution dans ce sens, que la prise en considération déjà votée faisait pressentir.

Sous le titre de *Conférence agricole*, un grand nombre de membres de l'Assemblée Législative formèrent un cercle, où ils se réunissaient pour soumettre à un examen préalable les questions relatives à l'agriculture qui devaient ou pouvaient recevoir leur solution au sein de cette Assemblée. Jusseraud en fit partie. Il en reçut, avec deux de ses collègues, la mission de communiquer au Ministre de l'agriculture les vues de la *Conférence :* 1º sur la nécessité de joindre à l'Institut de Versailles quelques spécimens des industries les plus étroitement liées à l'agriculture ; 2º sur la meilleure direction à imprimer aux études d'amélioration et de perfectionnement de nos races animales, et notamment des races chevaline et bovine.

Bientôt après, la même Commission était chargée de rechercher si, considérée à son origine, l'organisation de l'Institut de Versailles était bien comprise par l'Administration, ainsi que l'avait ordonné le décret de l'Assemblée Constituante en date du 3 octobre 1848.

Dans ces deux circonstances, le rôle de rapporteur lui fut conféré par ses deux collègues.

Un noble penchant à faire luire la vérité, fortifié cette fois par le désir de dévoiler une coupable industrie et de la détruire, lui inspira l'idée de proposer à l'Assemblée Législative d'édicter des peines contre les spéculateurs qui vendraient des matières décorées par eux du nom séduisant d'engrais concentrés, mais, en dépit de cette étiquette, complètement impropres à réaliser les merveilleuses promesses faites aux agriculteurs.

Dans les temps de cherté des grains, les esprits alarmés sont disposés à s'en prendre à tout pour trouver une cause aux souffrances présentes. Pendant une crise de ce genre, en 1856, beaucoup se laissaient aller à considérer la culture de la betterave pour l'alimentation des fabriques de sucre comme une des causes essentielles de la pénurie des grains dont on souffrait alors. Jusseraud fut choqué d'une erreur aussi grossière, et il dirigea contre elle une attaque vigoureuse, comme peut en inspirer une énergique conviction. Dans une dissertation pleine de faits et de déductions rigoureuses, il démontra aisément que partout où prospérait l'industrie sucrière la production des céréales et de la viande s'était accrue d'une manière très-notable ; qu'il n'en pouvait pas être autrement ; et que la grande usine de Bourdon, loin d'être un fléau pour le département du Puy-de-Dôme, comme des esprits abusés le prétendaient, devait, au contraire, exercer la plus heureuse influence sur sa production agricole et sur la condition de sa population rurale.

Plusieurs fois les jurys des Concours régionaux furent heureux de pouvoir confier à la plume élégante et savante à la fois de Jusseraud le soin de rédiger leurs rapports. Toujours ceux-ci furent l'occasion de dissertations instructives et de sages conseils donnés aux cultivateurs.

Rendait-il compte des opérations de la Commission chargée de visiter les exploitations rurales du département de la Lozère qui concouraient pour la prime d'honneur ? Il exprimait le regret de voir la part trop large faite à la charrue sur des terrains qui lui semblaient plus propres à former des pâturages pour nourrir de nombreux troupeaux de moutons. Toutefois, étranger à la localité, il se tenait en garde contre les impressions qu'il avait reçues en la parcourant ; et s'il prenait le ton affirmatif, c'était parce qu'il s'y trouvait autorisé par l'assentiment que donnaient à ses appréciations des agriculteurs éminents du pays, membres de la même Commission.

Il procédait avec une égale réserve au concours régional de Carcassonne, en 1859, dans son rapport sur la prime d'honneur, lorsqu'il déplorait l'insuffisance des plantes fourragères et de l'élevage du bétail, qu'il avait remarquée pendant sa tournée dans le département de l'Aude, et quand il s'étonnait de voir la direction des domaines confiée à des maîtres-valets, qui deviennent souvent, disait-il, des valets maîtres.

Chargé de rendre compte des appréciations du jury sur le bétail d'espèce bovine exposé au concours régional de Tulle en 1856, il en prenait occasion pour développer sur l'amélioration de ce genre de bétail des idées qu'il cherchait en toute circonstance à faire prévaloir. Il s'effrayait, au point de vue de l'intérêt de quelques localités, surtout du centre et du midi de la France, d'un certain engouement répandu dans une partie du public agricole en faveur de la préférence à donner à certaines races étrangères sur toutes autres, et notamment sur les indigènes; il ne s'effrayait pas moins des conséquences que produirait le croisement de ces races entre elles, recommandé par certains agronomes.

Méconnaissait-il donc la valeur des prodiges réalisés par les grands éleveurs d'Angleterre dans la transformation de leurs races? Certainement non. Mais, comme tout esprit sensé, il reconnaissait que, pour pouvoir avec profit s'approprier les avantages de ces transformations, il fallait qu'elles répondissent aux exigences d'une situation agricole donnée, c'est-à-dire que cette situation fût de force à préserver de toute dégénérescence ce qui était le produit de travaux très-savants, ou tout au moins fort ingénieux. A tous les cultivateurs qui ne se trouvaient pas dans de telles conditions, il montrait qu'il y aurait folie à céder à des prétentions exagérées; mais il leur rendait le courage en leur disant ce qu'ils devaient faire, et il leur prouvait qu'avec des soins tout simplement intelligents, et sans grands efforts d'imagination, il leur serait souvent facile d'augmenter les qualités et la valeur de leurs propres races, en ne prenant que les meilleurs sujets pour reproducteurs, et en donnant bonne et abondante nourriture à leurs élèves.

C'est du même point de vue que, dans sa *Notice sur la race chevaline*, il indiquait la voie à suivre dans les tentatives que la Société d'agriculture projetait en 1849 pour encourager l'élevage et l'amélioration du cheval. Pour un pays où sous ce rapport tout est à créer, même le goût pour la production de cet animal, il excluait formellement l'emploi des étalons de races très-distinguées, dont les produits n'eussent pu être que de peu de valeur à cause des conditions dans lesquelles ils auraient été obtenus, et il recommandait celui du percheron, qui devait donner des poulains plus faciles à élever, d'une vente plus aisément réalisable, et plus profitable par conséquent.

Un collègue aussi distingué était nécessairement de ceux pour lesquels la Société d'agriculture devait tenir à trouver une place parmi les hommes qu'elle honore en les mettant à sa tête, et elle lui en avait fait une dans son Bureau. Elle était heureuse aussi quand elle pouvait l'appeler dans ses Commissions. Les missions qu'il reçut d'elle à ce titre, en plusieurs circonstances, furent pour lui l'occasion de divers rapports où se manifestait l'agronome consommé.

Il faut rendre le même témoignage de ses diverses communications au comice de Riom.

Dans de semblables travaux, le fond est l'essentiel; mais les vues élevées ne perdent rien, et gagnent, au contraire, en influence à être exprimées dans un style en harmonie avec elles. Ce fut encore un des mérites de Jusseraud de savoir revêtir d'une forme qui plaisait, les idées justes qu'il exposait.

Mais l'homme ne se résume pas tout entier dans ceux de ses actes qu'il livre au grand jour de la publicité. Il peut valoir aussi par ses relations de société et de famille. Jusseraud n'occupa pas moins bien sa place dans les salons qu'au foyer domestique. Son esprit orné, et d'ailleurs naturellement distingué, savait donner à sa conversation le tour approprié à chaque circonstance ; sérieux, instructif même, quand il le fallait ; enjoué le plus souvent, et aiguisé par le trait qui plaît tant dans nos salons français. Mais pour se faire écouter et rechercher comme il le fut, il n'avait nul besoin d'atteindre le point où le trait fait blessure. Le jeu de l'esprit lui suffisait, et celui-ci était assez riche et assez judicieux pour savoir n'éveiller aucune susceptibilité.

Ainsi a vécu le collègue dont nous déplorons la perte récente.

Aussi pendant cette longue maladie dont il appréciait avec trop d'exactitude la gravité pour ne pas être bien assuré qu'elle était sans guérison, à ces heures où l'homme ne saurait manquer d'être sévère et juste envers lui-même, il a dû trouver quelque adoucissement à ses douleurs physiques, en reportant sa pensée sur toute sa vie, et se dire en toute sûreté de conscience ces mots pleins de consolation et d'espérance : « Et moi aussi j'ai passé en faisant le bien ! »

www.ingramcontent.com/pod-product-compliance
Lightning Source LLC
Chambersburg PA
CBHW060441050426
42451CB00014B/3199